Salvo la sombra

MUSEO SALVAJE

Colección de poesía

Poetry Collection

WILD MUSEUM

Sofía Castillón

SALVO LA SOMBRA

Nueva York Poetry Press®

Nueva York Poetry Press®

Nueva York Poetry Press LLC
128 Madison Avenue, Oficina 2RN
New York, NY 10016, USA
Teléfono: +1(929)354-7778
nuevayork.poetrypress@gmail.com
www.nuevayorkpoetrypress.com

Salvo la sombra
© 2022 Sofía Castillón

ISBN-13: 978-1-958001-94-3

© Colección *Museo Salvaje* vol. 43
(Homenaje a Olga Orozco)

© Dirección y edición:
Marisa Russo

© Texto de contraportada:
Agustín Mazzini

© Diseño de portada:
William Velásquez Vásquez

© Diseño de interiores:
Daniela Andrade

© Fotografía de portada:
Adobe Stock License

© Fotografía de la autora
Federica Borchert
Melodya Fotos

Castillón, Sofía
Salvo la sombra / Sofía Castillón 1ª ed. New York: Nueva York Poetry Press, 2022, 110 pp. 5.25" x 8".

1. Poesía argentina   2. Poesía latinoamericana

I

Salvo la sombra

Una vez bebida a fondo la angustia más divina,
¿cómo podría buscar el mundo vacío otra vez?

EMILY BRONTË

EL CAMINO DEL MONSTRUO

Esta víspera de año nuevo
un monstruo espía en mi ventana.

Tiempo atrás tomé un rostro
que me recordó
aquella otra redondez antigua
— esa que un día acaricié y
escapó de mí como una niebla —

y elegí
una lengua que hablaba
de las mismas luces
de los mismos siete sellos
de las mismas formas escondidas en el agua
pero distinto

escogí la voz
por la cadencia reticular de sus tonos
por su forma de volver
como una cascada arrepentida
por ser tan parecida
a aquella otra música
que fue un viento tibio de muchos veranos
un arrumaco de la luz
y soltó mi mano

sin avisar
como un glaciar que se desprende

– en mis pulmones
la escarcha
llora de hambre y frío
no soporta
sus punzantes dedos de hielo–

Despacio
tomé cada fracción del anhelo
cada porción de la carne
cada pedazo de ser
y los junté
en una bestia.

Arranqué la lengua húmeda
con todas sus papilas erguidas
a la sal y a lo dulce
como girasoles que veneran el sol,
desprendí el músculo inhábil de su dueño torpe
lo entrené en diálogo olímpico
una fantasía
que se mezcla entre los sueños
una ficción
que se funde como hielo en el whisky
y mezcla la transparencia del río
con el ámbar cristalino de la miel.

Pasé por un tamiz
los sonidos más próximos

las palabras de rutina
y moldeé aquella cara de parecido brumoso.

Así tomé todo lo bueno que había en el mundo
y creé un monstruo.
Una vida errada. Una sombra de demonio.
El peso fosforescente de una ausencia.

Y me arrepentí.

Pero no lo maté. No pude.
No pude acabar con un perro apaleado
que cae con ansias de levantar la cabeza.

No fui yo terruño
que diera estiba final a sus huesos.

No pude resistir
la mirada sin dios.

No lo maté, mi criatura adorada.
No maté la geografía desparramada de venas
que no delimitan ningún lugar.
No lo maté, mi horrible deformidad del aire,
burda marioneta sin maestro.
No quebré sus piernas
para que se hundiera en la arena
por su propio peso.

No pude borrar su nombre
de ningún libro.

En cambio
acaricié su lomo desnudo de bestia deforme
y le deseé una nueva piel.
Bajo sus costillas rojas
vi el cauce de la sangre falsa
imitar el dibujo de los años.

Hidraté sus ojos para formar estanques
y que la bestia
nunca tema la sed;

fabriqué sus manos con tiza
para que la bestia
no olvide la suavidad
a riesgo de ser polvo,
para que la bestia
siempre escriba
mensajes volátiles
y no duren más
que la inmediatez blanquecina
desprendida de sus manos.

Tomé todos los placeres
de la vida
de la muerte
creé un monstruo
y lo abandoné en la nieve.

Lo dejé seguir camino al sur
a la Antártida oscura que visitó mi abuelo.

Lo dejé perderse
en los nudos blancos de la luz
hasta morir.

Lo dejé caminar con todos esos trozos
parecidos a lo amado
pero tan lejos.

En esta víspera de año nuevo
un monstruo
espía en mi ventana
me dice que es mío
      –y es mío–
pero no lo quiero.

Mis pies desnudos calzan su huella
avanzan en el frío andino
las siniestras formas del alba.

CASA TOMADA

La calle contiene su respiración
y las paredes
liberan vahos
alientos sin enjuague
voces pestilentes
que recuerdan
arriba hay alguien
abajo hay alguien
nunca duermo sola

mil fantasmas pueden salir del baño
a buscarme
con su trazo de polvo
arrastrar mi cuerpo por la casa
que ya estaba ocupada
con sus grietas
con sus venas entretejidas

la casa sabía
desde un principio
que me quería expulsar.

BALLENA

Me perdí
en el estómago vacío
de una ballena
y descubrí que estaba muerta.

Las paredes pegajosas
que gustaba visitar
rompieron su cáscara,
me invitaron a oír
un silencio de piel seca.

Entre dientes rotos
baila una voz querida.
Me habla de libros
de películas que no ví

y se desgrana sobre la lengua
un Atlas de heridas

bulle abierta
la rabia del silencio
Quirón en el éter
la cuida con sal.

Camino
entre las costillas enormes
de esta ballena vieja.

Como un Panteón romano
se elevan
memorias de adrenalinas gloriosas
se expanden
sus barbas quebradas

una bestia dormida en la muerte
una bestia devenida
en monumento de piedra.

Tanto cuerpo
desierto
que escurre
su tiempo de arena.

¿Dónde habrá quedado
la humedad del canto
cuando esta ballena murió?

Me recuesto en la superficie mullida
puedo hacer castillos y pozos
con su polvo
puedo interpretar
el oráculo matemático
que pronosticó kilómetros de vida
a esta ballena encallada
que hoy
dejó descansar sus carnes
al abrazo del viento.

Bajo los cielos australes
sin nubes ni estrellas
yace mi cuerpo
una tumba
que aparece y desaparece
en la orilla
con cada nueva ondulación del mar.

Las algas dibujan flores
siempre
cubren el animal que habito
con su manto mortuorio.

DEJALA VIVIR

que la cucaracha vuelva
por donde vino
dejala
que suba con sus patitas de alambre
por tus manos
que acaricie tu cara
y se meta en tu boca
dejala que recorra la suavidad de tu aliento
que vuelva
de la garganta a la cabeza
hasta los sueños

dejala
la cucaracha es una sombra en la memoria
no desprecies la sombra

que viva
la cucaracha también tiene lunas rojas
también cantan coros en su tragedia

dejala vivir
que alimente tu fuego
con suciedades
que viva y se muestre
crujiente
entre tus labios

que la cucaracha viva
sea a tus ojos
el reflejo de una bestia.

24

ESPEJOS

Una niña enferma
grita adentro mío
señala un espejo negro:
no alcanza el agua del mundo
para limpiar lo que muestra.

La sangre cae
y escribe melodías ásperas
a la luz del día.

¿Cuánto
es de aquella niña
cuánto
robé y cambié
hasta formar mi cuerpo?

¿Cuánto puede doler un hijo
que no existe en el brillo oscuro
de los ojos
que imitan los míos,
y que no va a existir
en la superficie del agua
atrás de ninguna luna?

Las mareas alcanzan cielos rojos
y la ciudad
escupe su sombra
una profunda red tejida de vidrio
avanza sobre las calles tristes
y proyecta mis gestos.

En esta turmalina negra
hay una diosa
que sangra.

RECETA

Sobre la mesa estéril
una mujer con alas.

El chef repasa la receta heredada
con sus manos
humedece el gusto.

Alza el lomo
y arquea.

Es un león
que observa la presa.
Los vellos de su nuca
se erizan
sabe que el segundo de espera
es un deleite
un cisne blanco en la noche profunda
Odette muriendo en la orilla.

Lo primero
para preparar una mujer alada
es romperla.

Romper el ala derecha
romper el ala izquierda
y desplumar.
Mejor en vida.

Que la sal de la pluma
se integre a la carne
y desgrase el nombre
hasta la memoria.

Importante
sentir entre los dedos
la consistencia granulosa de la piel
un pequeño vacío en cada poro
un cráter hecho de alfiler
un volcán de sangre.

Separar las patas sin dañar el muslo
parte carnosa del miedo.
Palpar con los dedos
hasta encontrar la herida.

Hacer caso omiso al llanto
pero no desperdiciar
los minerales, los peces
los azules profundos
que allí se esconden.

Sellar el pico si grita
no dejar que se apelmace
ni que pierda ternura.
Si pasa
inyectar ron, whisky.
Si pasa, dejar gritar
sobre una superficie plana
y ablandar la carne
con su propia voz.

Rellenar la mujer a gusto
miel, cebolla de verdeo, laurel
zanahorias, berenjenas.

El relleno especiado tiene mejor sabor
si se empieza a degustar por el nombre
si se pronuncia el nombre de su madre
si se pronuncia el nombre de su abuela
si se menciona primero su color o su andar
si se empieza a comer por la lengua
por las palabras queridas.

La mujer alada
rara vez
se resiste
pero si lo hace
seguir.

Si acusa, si pide
si niega
seguir.

Si se pasa de sal, hervir
hasta que ruegue
hasta que nombre algún dios
hasta que lo único que pueda
o sepa pedir
es
que la rellenen.

El tiempo de cocción es breve.

A veces
la temperatura de la sangre
cuece su propia carne
y la deja a punto.

Servir en la mesa
con espumoso extra brut
y disfrutar
acompañado.

Preparar una mujer alada
es un ritual colectivo.

SILENCIOS

Las centellas de la noche sabían
el devenir del silencio sobre la tierra
la pausa silvestre
de una ciudad que purga su música
y se vacía.

El sol
languidece hacia el suelo
su velluda voz amarilla
no habla.

No importan
los timbres
los nombres
el color que adopta cada región
al cantar.

Las voces
son un vapor que sube del asfalto al cielo
compases que se pierden
fantasmas.

Caen al suelo
memorias de ruidos
que el tiempo trajo.

Alguna vez
alguna niña

jugó o gritó en este patio
hoy su voz es una sombra
que vibra
cinco pisos más arriba
hacia el infierno.

Los balcones erguidos
como palcos
reciben un grito
y una niebla de murmullos
no escuchados
se confunde con la vida

se confunde
con la única luz
que muerde la mañana.

SALA DE ESPERA

Demasiado pronto
el tiempo empieza
a hablar por nosotros.

¿Qué pasó
entre el inicio de los cielos
y mis manos?

¿Cuántos días
entre esa noche salpicada de futuro
y ésta?

La materia del pensamiento
único órgano del presente
es una gelatina amarga.

Todos los movimientos
son cruzar las piernas
en una sala infinita.

El médico está muerto
espero en vano.

En soledad
mis brazos y mis manos
se descosen.
Mi cuerpo, antes humano,
se deforma en geometrías planas
texturas viscosas.

No hay cura.
Espero.

Las horas fluyen
en mi desgranamiento.

Las horas se van.

CRUZ DEL SUR

Constelaciones del océano,
¿cuál de ustedes
es mi cruz del sur?

Los peces se doblan
en la penumbra
como cristales preciosos de la luna.

Adentro de las profundidades
habitan seres oscuros
flexibles como una ola
frutos de estrellas
que buscan
asir el cielo
esporas de la noche
luces de aletas frías.

Hacia el suelo infinito
la noche negra
es el agua.

Adentro no existe el tiempo.
Las siluetas fluyen
en una muerte incesante.
Se beben y comen unas a otras
y penetran en sus branquias
los huesos de todo lo que existe.

Abren las espinas
para que crezca un abismo.

Adentro de esta noche
las nubes son espumas del mar.

Y se escuchan cantos
de seres nobles
sirenas que tienen miedo al olvido
diosas con faldas de jade.

¿qué tiene de animal
y qué tiene de humano
el agua que bebemos?

En el agua te reconozco
y mi deseo se escama

soy un pescador
dormido en la canoa

soy una cola de serpiente
al final del huracán

los dioses me encerraron
en témpanos antárticos
y de sus muros transparentes
emana la saliva suave
de la arena.

Las algas flotan como nubes
se enroscan
en la corriente.

Peces de fuego que abrasan
los hielos desprendidos
son un fénix en la hoguera de agua.

Los caracoles tienen pinzas filosas
y atrapan nombres amados
desgarran la piel
de cada ola deshecha en la orilla.

En el agua
los fantasmas tienen espinas
cambian de sombra
conocen un fondo que nadie ha visto.

En el agua
los sueños se suspenden
son una bruma
sobre vitrales consagrados.

Hay un manto tejido en la orilla
hace nudos con mis dedos
para abrigar
tanto agua que se pierde
del cuerpo.

Y esta humedad crepita adentro
en la piel más adentro

en la carne más adentro
en el cielo más adentro
una silueta que bulle
de los glaciares
una huella del frío.
En este mapa de estrellas,
¿Qué pez viste las escamas del sol?

DIÁLOGO CON UN MUERTO

Acá estoy y trato
de rezar a un muerto.

¿A quién?

A un muerto. Pero suenan las hojas
pasan los autos
y hasta la respiración de las cloacas
interrumpe su respuesta.

¿Pero el muerto te habla?

A veces.

¿No está muerto?

Más que el sánscrito. Pero
igual lo escucho en las raíces de las palabras
y en los significados ocultos de las cosas.

Pero el muerto está muerto.

Como el agua podrida en los cacharros viejos.

¿Y qué dice?

No mucho, pero pregunta.

¿Qué pregunta el muerto desde su tumba?

Me pregunta
de qué hablan los muertos
cuando hablan.
Pregunta
y su voz la tapa
el ruido de las ollas
y las puertas que se abren
y las ventanas que se cierran.
El muerto
se pasa la muerte
preguntando.

GULA

Como el hambre
presiona la huella
de una frambuesa en la boca
—una frambuesa en mi boca—
y habita esta ausencia cotidiana

es un jugo rojo que señala
la senda incomprensible
hacia la noche

su aliento ácido parece venir
de un planeta lejano
un aire plutónico que descansa
pegado a la transparencia de un cuerpo
—la materia rocosa de mi cuerpo—
y miro en la ventana
el hambre
pesando hacia los astros

crujen los esqueletos de las hojas
hoy todos mis vellos se yerguen
hijos del glaciar
hoy bellos hijos huérfanos
con hambre

la semilla de los días
germina en esta lengua
y crece un árbol de sed

florece en mil papilas gustativas
en mil tonalidades de la acidez
en mil signos del fuego y de la piel
—en mil estrellas que se queman
una y otra vez
si vuelve su aliento breve
olvidado sobre mi lengua—

el hambre viene
es la madrevieja de saliva
son los cuerpos de fruta que vierte el ocaso
mueren con la última línea de la luz
y dejan su sabor en el aire
como una estela amarga

hacia arriba
las venas de tantos árboles
agitan sus alientos cósmicos

¿es Morfeo en esa boca?
—es Morfeo en mi boca—

como el hambre crujiente
de los muebles a la hora de la siesta
retorcidos límites húmedos
que rezan
por las costillas sobresalidas
de mis sábanas
los hilos desnutridos
se engañan con frutos que alguna vez
cayeron

y descarnan la alarma cuando arranca el sueño
y todos los días
esta complacencia virtual de la seda
y todos los días
esta saciedad aromática
de pan en la vidriera
esta fragancia que debe alimentarnos
a todos

silencio
susurra la tentadora sangre
de las frambuesas

es la sensualidad
que estalla en mi boca
—mi boca, siempre tu boca—

es la marca forense de la dulzura en el sur
el camino de sabores embalsamados
el frufrú indigesto que corroe mi temperatura
en este día
en este preciso día
de gula felina
en este día de hambre que pesa hacia arriba

hoy
los espíritus corrosivos del hambre
se pegan al vidrio
mendigan algo qué beber
mendigan algo qué comer

—mendigan una boca, tu boca—
y gritan a la madrugada
su desgracia de fruta pasada

hoy
esta memoria cítrica
está mordiendo piedras.

HELIX

En la profundidad astral
el Ojo que te mira
es sólo un gato.

Te siguió desde el Principio
cuando no eras más
que un pan de carne
en el vientre de una niña.

Alzá la vista
que te rocíe con su noche
es sólo un gato raído,
se lame los testículos
mientras sopesa
la suavidad de su pelo
con tu historia.

Sobre las cloacas del mundo
un gato en el cielo
pisa tu vida
y enciende su gesto de santo.

En sus ojos vacíos
creés encontrar
la luz de un dios.

TIERRA ROJA

Los poros rojos de la tierra se tapan
y mi mano
acaricia su piel, busca lunares
encuentra balas
puntos negros del pensamiento
espinillas que encarnan huesos
cuerpos sin nombre

y qué placer da reventar un grano
que escapen
mis cantos libres de padre blanco
este pequeño orgasmo
que deja los dedos
manchados de tinta

y que el desprendimiento de mis yemas
en un suspiro femíneo
eyacule líquido y sombra
dibuje los pezones suaves de las hostias
las hojas que de tan albinas
se ven morenas
se ven wiphala
y mezclan el cemento, el fuego

palabras
del orígen, el cauce
de la lengua que engendra hacia el mar
el pus que suelta su aliento palosanto

una crema espesa encierra el silencio
de las mujeres
en la chapa
encierra el grito de sus hijos
que lloran y piden y
muerden leches barrosas
una pasta salada revela
el viento vivo que habla en el sur
las manos albañiles de todas las madres
el cielo sanguíneo adentro del cuerpo

y pellizcar la sierra
ver las voces salir de a nubes
como ojos que despiertan en el día
limpiar la herida adolescente
el acné que estalla
porque estalla el cuerpo
porque estalla

la tierra roja.

EL CANTO DE UNA MUJER

El canto de una mujer
se lanza al vacío
sus pies son una partitura que vuela.

El silencio
una transparencia en el fuego.

El éter
una túnica de seda que baila.

Los sonidos ondulan
agitan
las sombras de los pinos
zambullen la espera

sus cenizas
caen.

La noche salpica todos los inicios
y baña la música
de ramas quemadas.

Escucho el idioma de esta luna
que crepita en el cielo
trae el eco de un canto antiguo
la memoria se mezcla
con un grito nuevo
con el primer fuego
que vuelve en cada poema

y se repite
y se repite
el compás
del crepúsculo.

EN EL MUNDO

No está el niño
ni su juego en la mesa.
No avanza el perfume
de ninguna olla
ni los dedos maridan
la saliva, el sudor
con ningún pan
con ningún jugo de falsa fruta.

En el mundo
la muerte ya no se hace vida
en la boca
de nadie.

Ningún perro ladra en la puerta
ni hay campanas llamando ángeles
en el balcón.

En el mundo
no quedan flores
ni pétalos abiertos
ni manos que pidan limosna
a la luz.

Las máquinas
no ronronean apagadas
las abejas
no cristalizan el zumbido

en la densidad
de ninguna miel.

En el mundo nada está cansado
porque nada trabaja.

No quedó noche
para pedirle palabras.
No quedó sol
para expandir la tierra
ni ríos
que acerquen su cauce
a la sed.

No hay tren en el mapa
que derrame su gente
como una vena rota
ni carbón ni diamante

no hay abono
donde germine la sangre
ni luna llena
que tiemble en el agua.

En el mundo
ya no hay nada

no hay muertos
para teñir la tierra de colores
no hay huesos
que el tiempo trate

como polvo de estrellas
no hay torres en llamas
ni diablos ni grandes sacerdotisas

en el mundo
ya
no hay nada
de nada

salvo
la sombra
la nube de polvo

el viento.

II

Escrito en flor de loto

¿cómo podré abandonar estas hojas de loto húmedas de rocío
y regresar a un mundo tan lleno de pena?

SEI SHÔNAGON

I

LAS ESTACIONES

A metros de las montañas nevadas
un perro suelta un palito
para que lo arroje.

De ojos humanos
su cuerpo es una plegaria
que titila
como Venus en el cielo.

A su lado
una perra de lomo vibrante
con su cola plumosa
señala el sol.
Ansía como él
sentir la vellosidad astringente
de la rama
entre sus muelas.

Las lenguas gotean
sincronizadas
lo que cada una
tiene de río
y sus babas
hidratan
el pasto reseco.

Lanzo
y la mirada atenta
descansa en ella,
no en la oportunidad del cielo.

Lanzo
y los ojos se detienen
cuerpo a tierra
ansiedad viva
de la sed.

Lanzo.
Es ella y no la rama
su diversión.
Lanzo.
Es ella y no el espacio sutil
entre la agilidad del cuerpo
y el viento.
Lanzo.
Es ella y no su interpretación del aire.

La rama no es la rama
sino el nervio que explota
en su segundo atmosférico.
La rama no es la rama
sino el pacto de eterno retorno
que busca
volver a empezar

como las estaciones.

II

Loto

Noche de hielo
bajo el peso caliente
de una sombra.

Un mar en el cielo
y sólo veo polvo
en la ventana.

Un colibrí blanco
se funde en el aire
colibrí de aire

un remolino quieto
curva de luna nueva.

El verano calla
sin montañas, la sangre
carne del río.

Faroles
gritan a la noche blanca
su horda de carbón

un sol come sus hijos
ningún rayo que los salve.

Arde
un cuerpo se incendia
desde adentro

y aún florecen nubes en el cielo
aún ofrecen ceniza a las abejas.

Fiesta del aire
es un helicóptero
un colibrí que se va.

ACERCA DE LA AUTORA

Sofía Castillón (Bahía Blanca, 1989) es Licenciada en Comunicación Social y Magíster en Industrias Culturales (UNQ). En 2020 el poema "El camino del monstruo" ganó el Premio de Poesía Ciudad de Archidona (España). En 2021 formó parte de la antología *Yo te cuento Buenos Aires VIII* (Legislatura de Ciudad Autónoma de Buenos Aires). En 2022 lanzó su sello editorial Pinap Editora. *Salvo la sombra* (Nueva York Poetry Press, 2022) es su opera prima.

ÍNDICE

Salvo la sombra

Colección
PREMIO INTERNACIONAL DE POESÍA
NUEVA YORK POETRY PRESS

1
Idolatría del huésped / Idolatry of the Guest
César Cabello

2
Postales en braille / Postcards in Braille
Sergio Pérez Torres

3
Isla del Gallo
Juan Ignacio Chávez

4
Sol por un rato
Yanina Audisio

5
Venado tuerto
Ernesto González Barnert

6
La marcha de las hormigas
Luis Fernando Rangel

7
Mapa con niebla
Fabricio Gutiérrez

8
Los Hechos
Jotaele Andrade

Colección
CUARTEL
Premios de poesía
(Homenaje a Clemencia Tariffa)

5
Las lágrimas de las cosas
Jeannette L. Clariond

-

Concurso Nacional de Poesía
Enriqueta Ochoa 2022

6
Los desiertos del hambre
Nicolás Peña Posada

-

V Premio Nacional de Poesía
Tomás Vargas Osorio

Colección
PARED CONTIGUA
Poesía española
(Homenaje a María Victoria Atencia)

Colección
VIVO FUEGO
Poesía esencial
(Homenaje a Concha Urquiza)

1
Ecuatorial / Equatorial
Vicente Huidobro

2
Los testimonios del ahorcado (Cuerpos siete)
Max Rojas

Colección
CRUZANDO EL AGUA
Poesía traducida al español
(Homenaje a Sylvia Plath)

1

The Moon in the Cusp of My Hand /
La luna en la cúspide de mi mano
Lola Koundakjian

2

Sensory Overload / Sobrecarga sensorial
Sasha Reiter

Colección
PIEDRA DE LA LOCURA
Antologías personales
(Homenaje a Alejandra Pizarnik)

1
Colección Particular
Juan Carlos Olivas

2
Kafka en la aldea de la hipnosis
Javier Alvarado

3
Memoria incendiada
Homero Carvalho Oliva

4
Ritual de la memoria
Waldo Leyva

5
Poemas del reencuentro
Julieta Dobles

6
El fuego azul de los inviernos
Xavier Oquendo Troncoso

7
Hipótesis del sueño
Miguel Falquez Certain

8
Una brisa, una vez
Ricardo Yáñez

9
Sumario de los ciegos
Francisco Trejo

10
A cada bosque sus hojas al viento
Hugo Mujica

Colección
MUSEO SALVAJE
Poesía latinoamericana
(Homenaje a Olga Orozco)

Colección
SOBREVIVO
Poesía social
(Homenaje a Claribel Alegría)

Colección
VÍSPERA DEL SUEÑO
Poesía de migrantes en EE.UU.
(Homenaje a Aida Cartagena Portalatín)

1
Después de la lluvia / *After the rain*
Yrene Santos

2
Lejano cuerpo
Franky De Varona

3
Silencio diario
Rafael Toni Badía

4
La eternidad del instante / *The Eternity of the Instant*
Nikelma Nina

Colección
MUNDO DEL REVÉS
Poesía infantil
(Homenaje a María Elena Walsh)

1
Amor completo como un esqueleto
Minor Arias Uva

2
La joven ombú
Marisa Russo

✄

Colección
LABIOS EN LLAMAS
Poesía emergente
(Homenaje a Lydia Dávila)

1
Fiesta equivocada
Lucía Carvalho

2
Entropías
Byron Ramírez Agüero

3
Reposo entre agujas
Daniel Araya Tortós

Colección
MEMORIA DE LA FIEBRE
Poesía feminista
(Homenaje a Carilda Oliver Labra)

Colección
VEINTE SURCOS
Antologías colectivas
(Homenaje a Julia de Burgos)

Antología 2020 / *Anthology 2020*
Ocho poetas hispanounidenses / *Eight Hispanic American Poets*
Luis Alberto Ambroggio
Compilador

❊

Colección
PROYECTO VOCES
Antologías colectivas

María Farazdel (Palitachi)
Compiladora

Voces del café

Voces de caramelo / *Cotton Candy Voices*

Voces de América Latina I

Voces de América Latina II

Para los que piensan, como Waldo Leyva, que "la palabra ha llegado al extremo de la perfeción", este libro se terminó de imprimir en marzo de 2022 en los Estados Unidos de América.